Editor: April McCroskie
Asesor de redacción: Profesor Viv Edwards

El Dr. Gerald Legg tiene un doctorado en zoología de la Universidad de Manchester. Actualmente es biólogo del Museo Booth de Historia Natural en Brighton.

Carolyn Scrace es graduada del Brighton College of Art, especializada en diseño e ilustración. Ha trabajado en animación, publicidad y ficción para niños. Es una de las principales colaboradoras de la popular serie Worldwise.

El profesor Viv Edwards es profesor de Lenguaje en la Educación y director del Centro de Información de Lenguaje y Lectura de la Universidad de Reading.

David Salariya nació en Dundee, Escocia, donde estudió ilustración e impresión, concentrándose en el diseño de libros en su año de postgrado. Ha sido el diseñador y creador de muchas de las nuevas series de libros infantiles de diversos editores en Gran Bretaña y el resto del mundo.

© The Salariya Book Company Ltd., 1997.

Publicado originalmente en inglés por Franklin Watts, 96 Leonard Street, Londres.
Título original: *From caterpillar to butterfly*
Traducción: Susana del Moral Zavariz
Editado en México, en 1999, por
Casa Autrey, S.A. de C.V., División Publicaciones,
Av. Taxqueña 1798, Col. Paseos de Taxqueña,
C.P. 04250, México, D.F.
Tel: 5-624-0100 Fax: 5-624-0190

ISBN 970-656-302-4
Impreso en Bélgica

Un libro SBC concebido, editado y diseñado por The Salariya Book Company, 25 Marlborough Place Brighton BN1 1UB

De oruga a mariposa

Escrito por el Dr. Gerald Legg
Ilustrado por Carolyn Scrace

Creado y diseñando por David Salariya

Casa Autrey
División Publicaciones

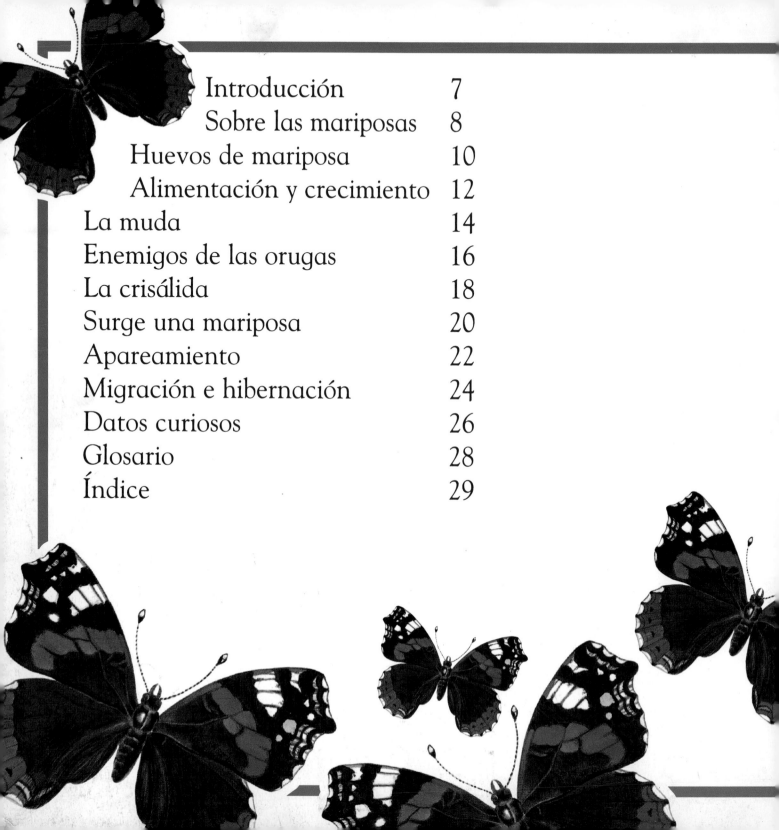

Una mariposa comienza su vida como huevo.
Del huevo sale una oruga.
La oruga crece y se convierte
en crisálida. De la crisálida
sale una linda mariposa. En este
libro puedes ver cómo
se desarrolla este
maravilloso
ciclo de
la vida.

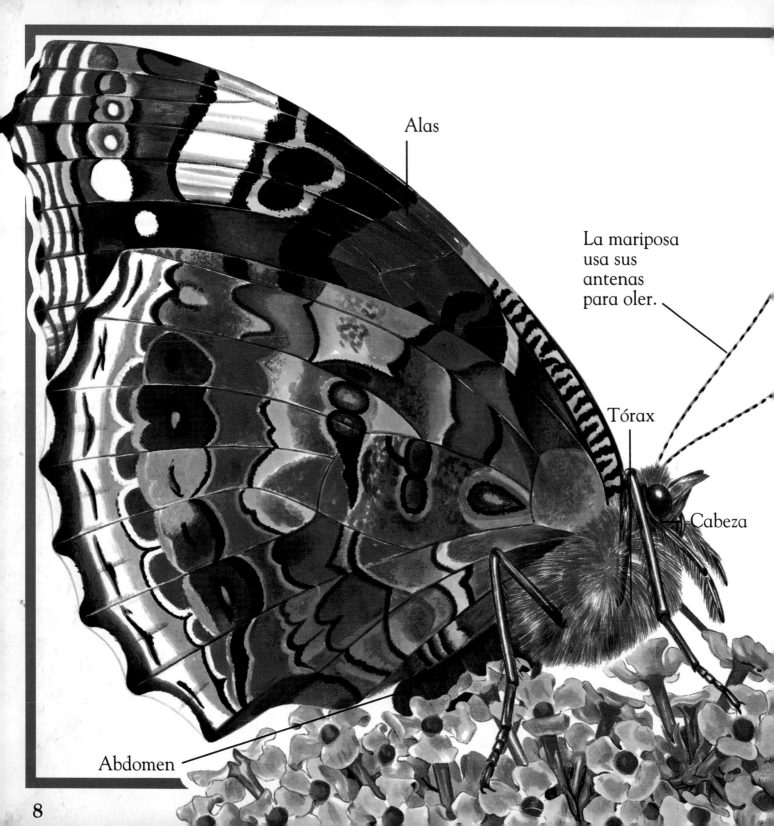

Alas

La mariposa
usa sus
antenas
para oler.

Tórax

Cabeza

Abdomen

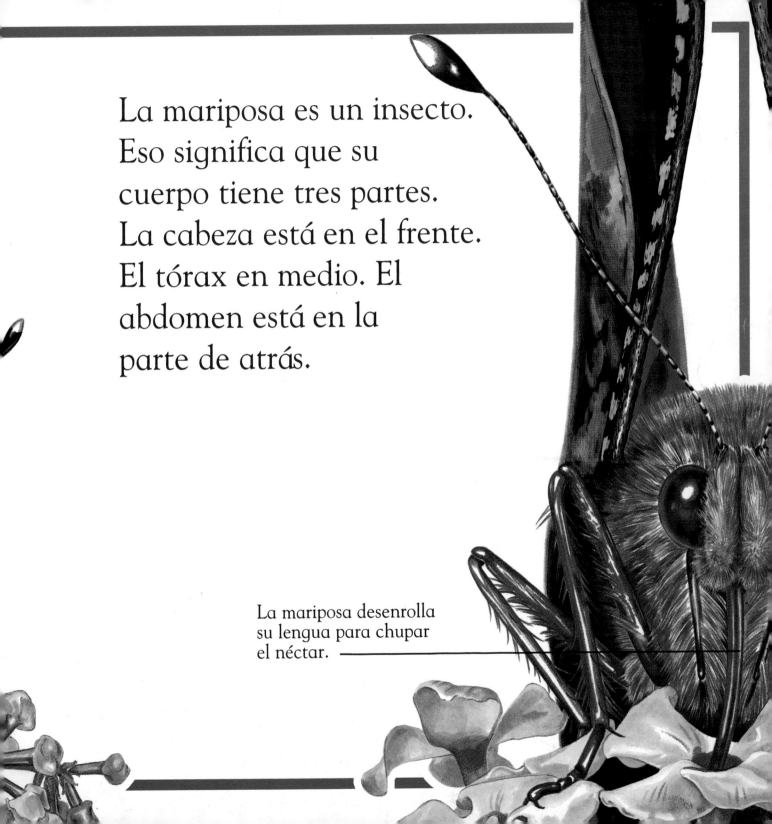

La mariposa es un insecto.
Eso significa que su
cuerpo tiene tres partes.
La cabeza está en el frente.
El tórax en medio. El
abdomen está en la
parte de atrás.

La mariposa desenrolla
su lengua para chupar
el néctar.

Las mariposas hembra
ponen huevos en las hojas.
Los huevos se pegan a las
hojas para no caer. Dentro
del pegajoso huevo
crece el insecto bebé.
Cuando el huevo se rompe,
nace una oruga.

Hoja

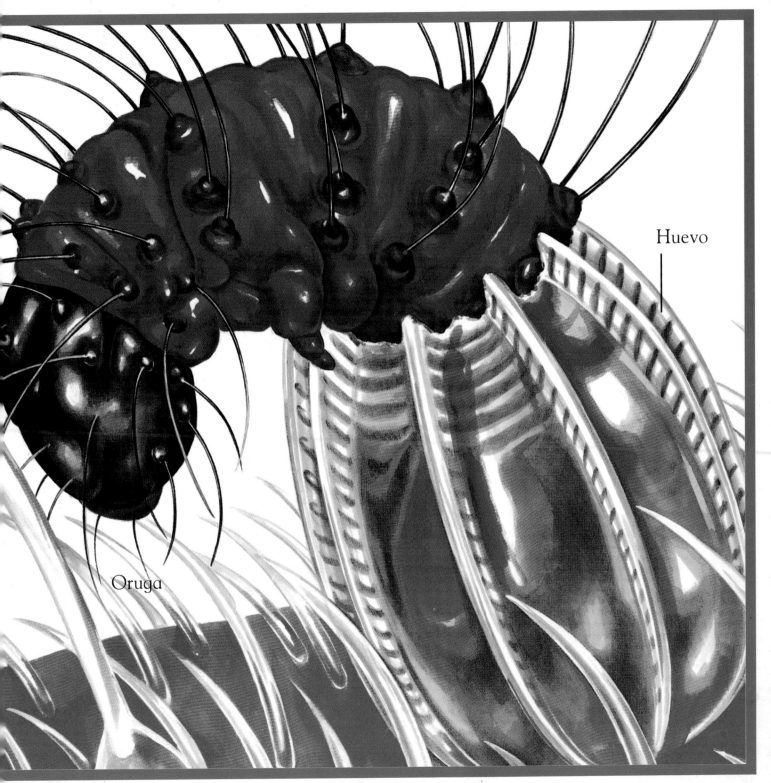

Huevo

Oruga

Hoja doblada

Las orugas necesitan
comida para crecer.
El insecto dobla una hoja y la
pega con seda. La oruga se oculta
en el interior y se come la hoja.

Seda

Boca

13

Oruga

Piel vieja

Conforme
la oruga crece,
cambia de piel.
A eso se le llama mudar.

A la oruga
le crece una piel nueva
debajo de la vieja.
Luego la piel vieja se abre
y la oruga se arrastra
dejándola atrás.

Ave

A muchos animales
les gusta comer orugas.
Son un delicioso bocado
para arañas,
avispas y aves.

Araña

16

Oruga

Esta oruga se
protege ocultándose
en una hoja.

Avispa

17

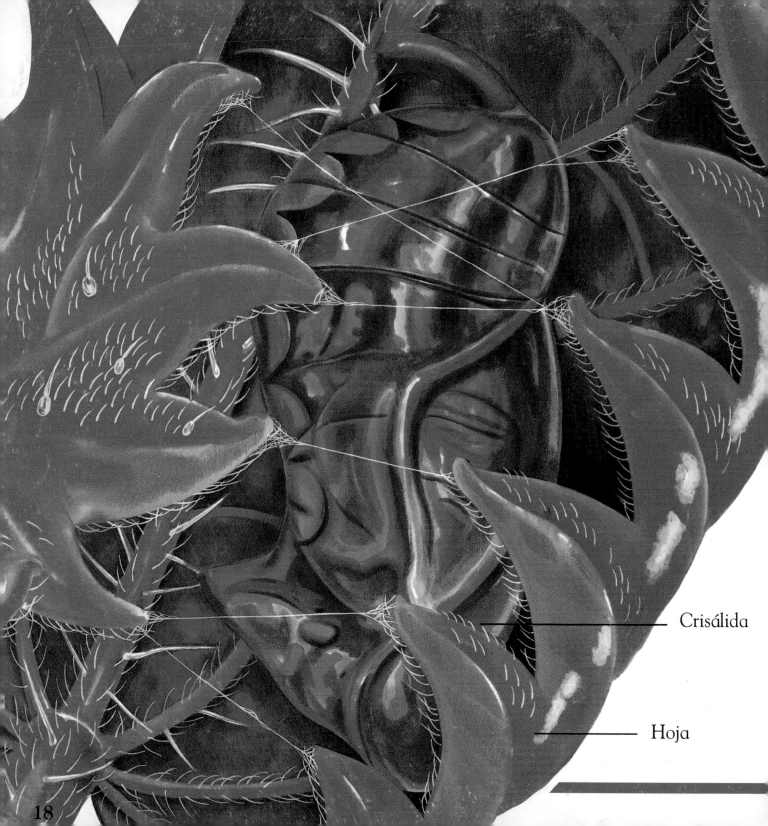

Crisálida

Hoja

18

La oruga bien desarrollada en el tallo de una hoja.

La oruga se cuelga de un hilo de seda.

La oruga se convierte en crisálida.

La crisálida tarda algunas horas en formarse.

La mariposa crece dentro de la crisálida.

Cuando la oruga está completamente desarrollada se prepara para convertirse en mariposa. Se cuelga cabeza abajo de un hilo de seda que sujeta al tallo de una hoja. Luego muda la piel por última vez para formar una crisálida. Dentro de la crisálida, la oruga se convierte en mariposa.

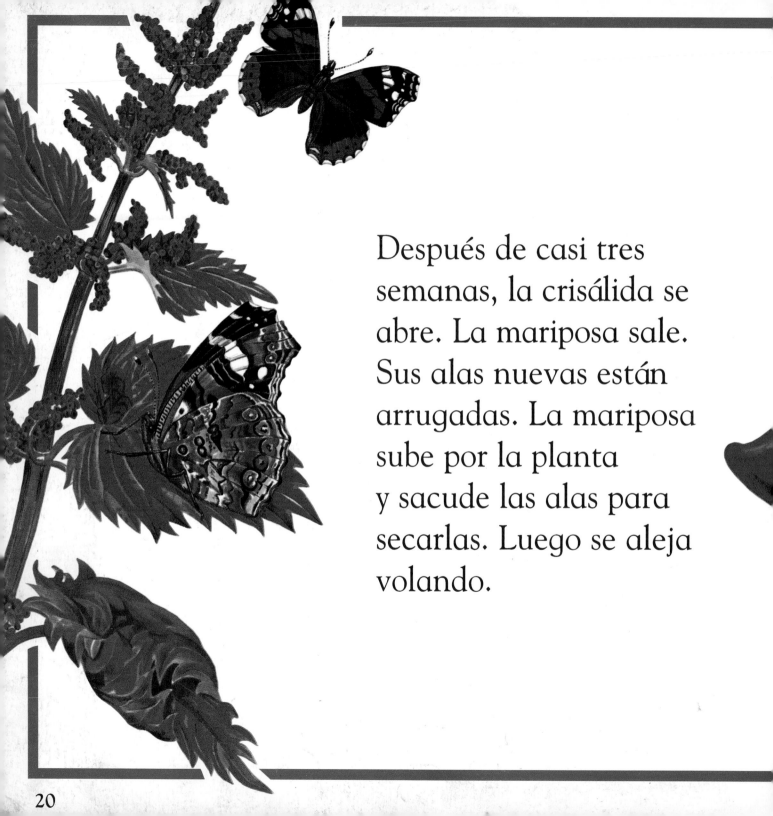

Después de casi tres semanas, la crisálida se abre. La mariposa sale. Sus alas nuevas están arrugadas. La mariposa sube por la planta y sacude las alas para secarlas. Luego se aleja volando.

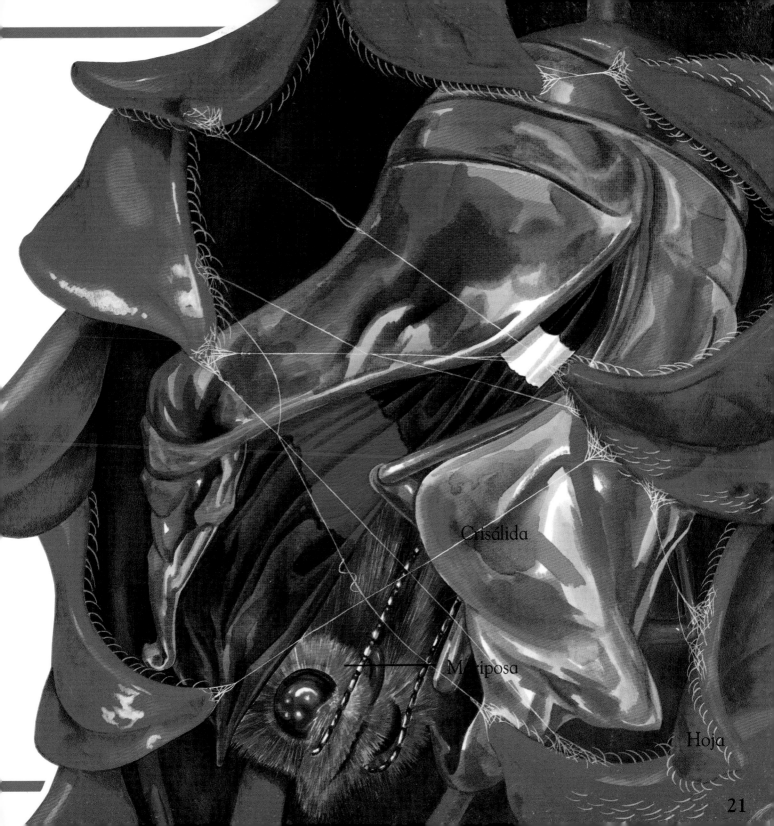

Crisálida

Mariposa

Hoja

21

Las mariposas macho y las hembras
visitan las mismas flores para
alimentarse. A veces descansan
en una hoja para aparearse. Luego,
la mariposa hembra se aleja
volando para poner sus huevos.

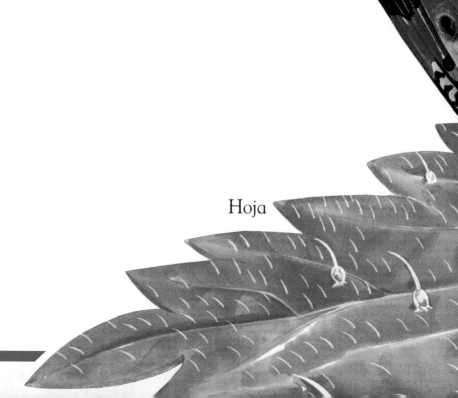

Hoja

Una mariposa macho
y una hembra
apareándose.

23

Caracoles

Ratón

Esta mariposa
concha de tortuga
está hibernando.

Algunas mariposas vuelan miles de kilómetros, sobre distintos países y océanos, para poner sus huevos o para encontrar la comida que necesitan.
A este viaje se le llama migración. En invierno, las mariposas buscan un lugar seco y cálido para dormir. A eso se le llama hibernar.

Datos curiosos

Una mariposa es un insecto que vuela durante el día. Tiene antenas con un abultamiento en la punta.

Una polilla es un insecto que vuela casi siempre de noche. Tiene antenas peludas o delgadas como hilos.

La mariposa más grande es la mariposa alas de pájaro de Nueva Guinea. Mide 28 centímetros de largo.

La mariposa más pequeña es la enana azul de Sudáfrica. Mide poco más de un centímetro de largo.

La mejor voladora es la mariposa dama pintada, que vive en la mayor parte de los países del mundo. Puede volar hasta 1,000 kilómetros sin descansar.

La que vuela más lejos es la mariposa monarca de América del Norte. Puede volar a 32 kilómetros por hora.

La mariposa monarca hiberna en grupos de decenas de miles.

Las mariposas mueven sus alas entre 8 y 12 veces por segundo.

Algunas mariposas sólo viven un día, pero otras pueden vivir entre 4 y 5 meses.

La mariposa búho de Sudamérica tiene manchas en las alas que la hacen parecerse a un búho. Esto le ayuda a asustar a sus enemigos.

La oruga de la mariposa cola de golondrina de Jamaica se oculta fingiendo ser el desecho de un ave. Así, sus enemigos no la reconocen como el sabroso bocado que es.

La mariposa cebra americana tiene colores brillantes. No se molestan en esconderse porque son venenosas y ningún animal las molesta.

La mariposa hoja africana se oculta entre las hojas muertas para descansar. Como sus alas son exactamente iguales a las hojas secas, sus enemigos no la ven.

La mariposa sesenta y nueve de Sudamérica parece tener pintado en las alas un número 69.

Huevo   Oruga en desarrollo   Crisálida   Mariposa adulta

El crecimiento de una mariposa

En la ilustración de arriba puedes ver cómo crece una mariposa desde ser un huevo diminuto, luego una oruga, después una crisálida y por fin convertirse en una magnífica mariposa.

Glosario

Abdomen
La parte posterior del cuerpo de un insecto.

Antenas
Órganos que salen de la cabeza de un insecto. Las antenas les sirven para oler.

Apareamiento
La unión de un macho (el padre) y una hembra (la madre) para hacer bebés.

Crisálida
Etapa en la vida de una mariposa o polilla entre la oruga y el insecto adulto.

Hibernación
Cuando un animal duerme durante todo el invierno.

Insecto
Un animal con una piel exterior dura. El cuerpo de un insecto tiene 3 partes: cabeza, tórax y abdomen. Los insectos tienen 6 patas y 2 antenas.

Migración
Cuando un animal recorre un camino muy largo en ciertos momentos del año para encontrar un mejor lugar para vivir.

Muda
Cuando un animal desecha su piel vieja para crecer.

Néctar
Sustancia dulce que producen las flores para atraer a los insectos.

Oruga
La etapa en la vida de una mariposa o polilla que se inicia después de que sale del huevo.

Tórax
La parte media del cuerpo de un insecto.

Índice